MANUEL

POUR LA MISE A EXÉCUTION DE LA LOI DU 30 MAI 1851
ET DU RÈGLEMENT D'ADMINISTRATION PUBLIQUE
DU 10 AOUT 1852

sur la

POLICE DU ROULAGE

ET

DES MESSAGERIES PUBLIQUES

AVEC TABLE ALPHABÉTIQUE

A L'USAGE

De la Gendarmerie,
Des Maires et Adjoints,
Des Commissaires et Agents assermentés de police,
Des Ingénieurs et Employés des ponts et chaussées,
Des Gardes champêtres.
Des Employés des contributions indirectes,
Des Agents forestiers et des douanes,
Des Employés des poids et mesures,
Des Employés des octrois,

PAR

A. HATIVET,
Capitaine de Gendarmerie à Saint-Denis (Seine).

Paris.
Imprimerie de LÉAUTEY, rue Saint-Guillaume, 21.

1854.

OBSERVATIONS GÉNÉRALES

UTILES A CONSULTER

Pour assurer l'exécution de la loi du 30 mai 1851 et du Règlement d'Administration publique du 10 août 1852, sur la police du Roulage et des Messageries.

Les voitures suspendues ou non suspendues, servant au transport des personnes ou des marchandises, peuvent circuler sur les routes nationales, départementales et chemins vicinaux de grande communication, sans aucune condition de réglementation de poids ou de largeur de jantes. (Art. 1er de la loi du 30 mai 1851.) Droit de circulation de toutes les voitures.

Les officiers de gendarmerie et les sous-officiers et gendarmes devront constater les délits et les contraventions. (Art. 15 de la loi du 30 mai 1851.) La gendarmerie doit constater les infractions.

Les procès-verbaux rédigés par les *gendarmes* doivent être affirmés dans les trois jours de la date de la constatation du délit ou de la contravention, à peine de nullité, devant le juge de paix du canton, ou devant le maire de la commune, soit de la résidence des gendarmes, soit du lieu où la contravention a été constatée. (Art. 18 et 1er § de l'art. 15 de la loi du 30 mai 1851.) Affirmation des procès-verbaux.

Les procès-verbaux rédigés par les officiers et sous-officiers de gendarmerie sont dispensés de l'affirmation. (Art. 18 et 2e § de l'art. 15 de la loi du 30 mai 1851.)

Les brigadiers, étant considérés comme des sous-officiers, sont dispensés d'affirmer leurs procès-verbaux. (Note ministérielle.)

Enregistrement des procès-verbaux.

Les procès-verbaux rédigés par les gendarmes doivent être enregistrés en débet dans les trois jours de la date de leur affirmation, à peine de nullité.

Ceux rédigés par les officiers, sous-officiers ou brigadiers sont enregistrés en débet dans les trois jours de la date de la constatation, à peine de nullité. (Art. 19 de la loi du 30 mai 1851.)

Les dispositions combinées des art. 19 et 22 de la loi du 30 mai 1851 veulent que la formalité de l'enregistrement en débet soit remplie à la requête de la gendarmerie, aussitôt après la constatation ou l'affirmation. (Note ministérielle.)

Direction à donner aux procès-verbaux.

Conformément à l'art. 22 de la loi du 30 mai 1851, *tous* les procès-verbaux rédigés en exécution de ladite loi doivent être adressés, dans les deux jours de l'enregistrement, au sous-préfet de l'arrondissement.

Le sous-préfet les transmet, dans les deux jours de la réception :

Au préfet, s'il s'agit d'une contravention de la compétence du conseil de préfecture ;

Au procureur de la République (impérial), s'il s'agit de la compétence des tribunaux.

Droit au tiers de l'amende prononcée.

Lorsque le procès-verbal constatant le délit ou la contravention a été dressé par l'un des agents désignés au premier paragraphe de l'art. 15 de la loi du 30 mai 1851, le tiers de l'amende prononcée appartient audit agent. (Art. 28 de la loi précitée.)

Il résulte de cette disposition que les *gendarmes* ont droit au tiers de l'amende prononcée, et que les officiers, les sous-officiers et les brigadiers n'y ont pas droit.

Les procès-verbaux rédigés en exécution des art. 10 et 11 de ladite loi (*refus par un voiturier ou conducteur de s'arrêter*, procès-verbal n° 32, et *outrages ou violences envers la gendarmerie*, procès-verbal n° 33) ne donnent pas droit à la part d'amende, quels que soient les rédacteurs. (Art. 28 de la loi du 30 mai 1851.)

Les malles-postes destinées au transport de la correspondance du gouvernement et du public sont soumises à un règlement particulier.

Les malles-postes sont soumises à un règlement particulier.

• Les voitures des entrepreneurs qui transportent les dépêches ne sont pas considérées comme malles-postes. (Art. 40 du règlement d'administration publique du 10 août 1852.)

Les voitures publiques qui desservent les routes des pays voisins et qui partent des villes frontières, ou qui y arrivent, ne sont pas soumises aux règles prescrites dans le règlement d'administration publique du 10 août 1852. Elles doivent, toutefois, être solidement construites. (Art. 41 du règlement d'administration publique du 10 août 1852.)

Les voitures publiques qui desservent les pays voisins ne sont pas soumises aux mêmes règles.

Nota. Les contraventions et délits prévus par la loi du 30 mai 1851 peuvent aussi être constatés par les conducteurs, agents voyers, cantonniers chefs, et autres employés des ponts et chaussées ou des chemins vicinaux de grande communication, commissionnés à cet effet.

Par les gardes champêtres, les employés des contributions indirectes, agents forestiers ou des douanes, les employés des poids et mesures ayant droit de verbaliser, et les employés des octrois ayant le même droit. (1er § de l'art. 15 de la loi du 30 mai 1851.)

Tous les agents sus-désignés sont astreints aux mêmes règles que les simples gendarmes.

Leurs procès-verbaux doivent être affirmés et enregistrés en débet.

Ils ont droit au tiers de l'amende prononcée.

Peuvent également constater les contraventions et les délits prévus par la même loi :

Les maires et adjoints;

Les commissaires et agents assermentés de police;

Les ingénieurs des ponts et chaussées ;

Et toute personne commissionnée par l'autorité départementale pour la surveillance de l'entretien desvoies de communication. (2e § de l'art. 15 de la loi du 30 mai 1851.)

Les agents sus-désignés ne sont pas astreints à affirmer leurs procès-verbaux, mais ils doivent être enregistrés.

Ils n'ont pas droit au tiers de l'amende prononcée.

Les dommages prévus à l'art. 9 de la loi du 30 mai 1851 (V. le procès-verbal no 11 du présent recueil) sont constatés, pour les routes impériales et départementales, par les ingénieurs, conducteurs et autres employés des ponts et chaussées commissionnés à cet effet,

Et pour les chemins vicinaux de grande communication, par les agents voyers, sans préjudice des droits réservés à tous les fonctionnaires et agents mentionnés aux deux premiers paragraphes de l'art. 15 de la loi du 30 mai 1851 (ci-dessus reproduits), de rédiger procès-verbal du fait de dégradation qui aurait lieu en leur présence. (3e § de l'art. 15 de la loi du 30 mai 1851.)

Les procès-verbaux dressés en vertu de l'art. 15 précité font foi jusqu'à preuve contraire. (4e § de l'art. 15 de la loi du 30 mai 1851.)

NOMENCLATURE

DES CAS OU IL Y A LIEU DE RÉDIGER PROCÉS-VERBAL
POUR INFRACTIONS A LA LOI DU 30 MAI 1851 ET AU
RÉGLEMENT D'ADMINISTATION PUBLIQUE
DU 10 AOUT 1852

sur la

POLICE DU ROULAGE

ET DES

MESSAGERIES PUBLIQUES

Par **A. HATIVET**,

Capitaine de Gendarmerie à Saint-Denis (Seine.)

N° 1.

Essieux ayant plus de 2 mètres 50 centimètres de longueur.

V. art. 2, § 1er, n° 1 et art. 4 de la loi du 30 mai 1851, et art. 1er du règlement d'administration publique du 10 août 1852.

L'amende est de 5 à 30 fr.

Cette contravention est jugée par le conseil de préfecture.

V. l'art. 17 de la loi du 30 mai 1851.

OBSERVATIONS.

Pour les voitures publiques allant au trot, cette contravention ne peut être constatée qu'au lieu de départ, d'arrivée, de relais et de station desdites voitures, ou aux barrières d'octroi. (Art. 16 de la loi du 30 mai 1851.)

N° 2.

Essieux dont les extrémités dépassent les moyeux de plus de 6 centimètres.

V. art. 2, § 1er, n° 1 et art. 4 de la loi du 30 mai 1851, et l'art. 1er du règlement d'administration publique du 10 août 1852.

L'amende est de 5 à 30 fr.

Cette contravention est jugée par le conseil de préfecture.

OBSERVATIONS.

Mêmes observations qu'au n° 1.

N° 3.

Moyeux dont la saillie, y compris celle de l'essieu, excède de plus de 12 centimètres le plan passant par le bord extérieur des bandes.

V. Art. 2, § 1er, n° 1 et art. 4 de la loi du 30 mai 1851, et l'art. 1er du règlement d'administration publique du 10 août 1852.

L'amende est de 5 à 30 fr.

Cette contravention est jugée par le conseil de préfecture.

OBSERVATIONS.

Il est accordé une tolérance de 2 centimètres sur cette saillie, pour les roues qui ont déjà fait un certain service. (Art. 1er du règlement d'administration publique du 10 août 1852.)

Pour les voitures publiques allant au trot, cette contravention ne peut être constatée qu'au lieu de départ, d'arrivée, de relais et de station desdites voitures, ou aux barrières d'octroi. (Art. 16 de la loi du 30 mai 1851.)

N° 4.

Clous de bande à tête de diamant.

V. Art. 2, § 1er, n° 3 et art. 4 de la loi du 30 mai 1851, et l'art. 2 du règlement d'administration publique du 10 août 1852.

L'amende est de 5 à 30 fr.

Cette contravention est jugée par le conseil de préfecture.

OBSERVATIONS.

Mêmes observations qu'au n° 1.

N° 5.

Clous de bande dont la tête présente une saillie de plus de 5 millimètres.

V. Art. 2, § 1er, n° 3 et art. 4 de la loi du 30 mai 1851, et art. 2 du règlement d'administration publique du 10 août 1852.

L'amende est de 5 à 30 fr.

OBSERVATIONS.

Mêmes observations qu'au n° 1.

N° 6.

Voiture à deux roues, servant au transport des marchandises, attelée de plus de cinq chevaux.

V. Art. 2, § 1er, n° 5 et art. 4 de la loi du 30 mai 1851. et art. 3, n° 1 du règlement d'administration publique du 10 août 1852.

L'amende est de 5 à 30 fr.

Cette contravention est jugée par le conseil de préfecture.

OBSERVATIONS.

Lorsqu'il y aura lieu de transporter des blocs de pierres, des locomotives ou d'autres objets d'un poids considérable.

l'emploi d'un attelage exceptionnel pourra être autorisé, sur l'avis des ingénieurs ou des agents voyers, par les préfets des départements traversés. (Art. 4 du règlement d'administration publique du 10 août 1852.)

La limitation du nombre de chevaux n'est point applicable sur les parties des routes ou des chemins vicinaux de grande communication affectées de rampes d'une déclivité ou d'une longueur exceptionnelle.

Les limites de ces parties de routes ou de chemins, sur lesquelles l'emploi de chevaux de renfort est autorisé, sont déterminées par un arrêté du préfet, sur la proposition de l'ingénieur en chef ou de l'agent voyer en chef du département, et indiquées sur place par des poteaux portant cette inscription : CHEVAUX DE RENFORT.

Pour les voitures marchant avec relais régulier et servant au transport des personnes ou des marchandises, la faculté d'atteler des chevaux de renfort s'étend à toute la longueur des relais dans lesquels sont placés les poteaux.

L'emploi de chevaux de renfort peut être autorisé temporairement sur les parties de routes ou de chemin de grande communication, lorsque par suite de travaux de réparation ou d'autres circonstances accidentelles cette mesure sera nécessaire. Dans ce cas le préfet fera placer des poteaux provisoires. (Art. 5 du règlement d'administration publique du 10 août 1852.)

En temps de neige ou de verglas, les prescriptions relatives à la limitation du nombre des chevaux demeurent suspendues. (Art. 6 du règlement d'administration publique du 10 août 1852.)

N° 7.

Voiture à quatre roues, servant au transport des marchandises, attelée de plus de huit chevaux.

V. Art. 2, § 1er, n° 5 et art. 4 de la loi du 30 mai 1851,

et l'art. 3, n° 1 du règlement d'administration publique du 10 août 1852.

L'amende est de 5 à 30 fr.

Cette contravention est jugée par le conseil de préfecture.

OBSERVATIONS.

Les observations sont les mêmes qu'au n° 6.

N° 8.

Voiture servant au transport des marchandises, attelée de plus de cinq chevaux de file.

V. Art. 2, § 1er, n° 5 et art. 4 de la loi du 30 mai 1851, et l'art. 3, n° 1 du règlement d'administration publique du 10 août 1852.

L'amende est de 5 à 30 fr.

Cette contravention est jugée par le conseil de préfecture.

OBSERVATIONS.

Mêmes observations qu'au n° 6.

N° 9.

Voiture à deux roues, servant au transport des personnes, attelée de plus de trois chevaux.

V. Art. 2, § 1er, n° 5 et art. 4 de la loi du 30 mai 1851, et art. 3, n° 2 du règlement d'administration publique du 10 août 1852.

L'amende est de 5 à 30 fr.

Cette contravention est jugée par le conseil de préfecture.

OBSERVATIONS.

Les observations sont les mêmes qu'au n° 6, à l'exception du premier paragraphe, tiré de l'art. 4 du règlement d'administration publique relatif au transport des blocs de pierres, etc.

Pour les voitures publiques allant au trot, cette contravention ne peut être constatée qu'au lieu de départ, d'arrivée, de relais et de station desdites voitures, ou aux barrières d'octroi. (Art. 16 de la loi du 30 mai 1851.)

N° 10.

Voiture à quatre roues, servant au transport des personnes, attelée de plus de six chevaux.

V. Art. 2, § 1er, n° 5 et art. 4 de la loi du 30 mai 1851, et art. 3, n° 2 du règlement d'administration publique du 10 août 1852.

L'amende est de 5 à 30 fr.

Cette contravention est jugée par le conseil de préfecture.

OBSERVATIONS.

Mêmes observations qu'au n° 9.

N° 11.

Infraction aux mesures qui réglementent momentanément la circulation pendant les jours de dégel.

V. Art. 2, § 1er, n° 6 et art. 4 et 9 de la loi du 30 mai

1851, et art. 7 du règlement d'administration publique du 10 août 1852.

Pour la contravention, l'amende est de 5 à 30 fr.

Pour la dégradation, l'amende est de 3 à 50 fr., indépendamment de la condamnation aux frais de réparation.

Cette contravention est jugée par le conseil de préfecture.

OBSERVATIONS.

Le ministre des travaux publics détermine les départements dans lesquels il pourra être établi, sur les routes impériales et départementales, des barrières pour restreindre la circulation pendant les temps de dégel.

Les préfets, dans chaque département, déterminent les chemins de grande communication sur lesquels ces barrières pourront être établies.

Ces barrières seront fermées et ouvertes en vertu d'arrêtés du sous-préfet, pris sur l'avis de l'ingénieur de l'arrondissement ou de l'agent voyer. Ces arrêtés seront affichés et publiés à la diligence des maires.

Dès que la fermeture des barrières aura été ordonnée, aucune voiture ne pourra sortir de la ville, du bourg ou du village dans lequel elle se trouvera. Toutefois, les voitures qui seront déjà en marche pourront continuer leur route jusqu'au gîte le plus voisin, où elles seront tenues de rester jusqu'à l'ouverture des barrières. Pour ne point être inquiétés dans leur trajet, les propriétaires ou conducteurs de ces voitures prendront un laissez-passer du maire.

Le jour de l'ouverture des barrières et le lendemain, les voitures ne pourront partir du lieu où elles auront été retenues que deux à la fois et à un quart d'heure d'intervalle. Le maire ou son délégué présidera au départ, qui aura lieu dans l'ordre suivant lequel les voitures se seront fait inscrire à leur arrivée dans la commune.

Le service des barrières sera fait par des agents désignés à cet effet par les ingénieurs ou par les agents voyers (1).

---

(1) Il résulte de l'esprit du présent paragraphe que la gendarmerie doit seulement prêter main-forte, si elle est requise, pour assurer l'exécution des arrêtés du sous-préfet.

(Note de l'auteur.)

Toute voiture prise en contravention aux dispositions du présent article (7) sera arrêtée et les chevaux seront mis en fourrière dans l'auberge la plus rapprochée; le tout sans préjudice de l'amende stipulée à l'art. 4, titre II de la loi du 30 mai 1851, et des frais de réparation mentionnés dans l'art. 9 de ladite loi.

Peuvent circuler pendant la fermeture des barrières de dégel:

1° Les courriers de malle;

2° Les voitures de voyage suspendues, étrangères à toute entreprise publique;

3° Les voitures non chargées;

4° Sur les chaussées pavées, les voitures chargées, mais attelées seulement d'un cheval si elles sont à deux roues, et de deux chevaux si elles sont à quatre roues;

5° Sur les chaussées empierrées, les voitures chargées, mais attelées seulement de deux chevaux si elles sont à deux roues, et de trois chevaux si elles sont à quatre roues. (Art. 7 du règlement d'administration publique du 10 août 1852.)

N° 12.

Infraction aux mesures qui réglementent les précautions à prendre pour la protection des ponts suspendus.

Chevaux conduits au trot en passant sur un pont suspendu

V. Art. 2, § 1er, n° 6 et art. 4 de la loi du 30 mai 1851, et art. 8 du règlement d'administration publique du 10 août 1852.

L'amende est de 5 à 30 fr.

Cette contravention est jugée par le conseil de préfecture.

OBSERVATIONS.

Pour les ponts suspendus qui n'offriraient pas toutes les garanties nécessaires pour le passage des voitures lourdement chargées, il pourra être adopté par le ministre des travaux publics ou par le ministre de l'intérieur, chacun en ce qui le concerne, telles autres dispositions qui seront jugées nécessaires.

Dans les circonstances urgentes, les préfets et les maires pourront prendre telles mesures que leur paraîtra commander la sûreté publique, sauf à en rendre compte à l'autorité supérieure.

Les mesures prescrites pour la protection des ponts suspendus seront, dans tous les cas, placardées à l'entrée et à la sortie de ces ponts.

(Un conducteur de voiture publique est tenu de s'arrêter, s'il en est requis, pour laisser constater la contravention.) (Art. 16 de la loi du 30 mai 1851.)

N° 13.

Voiturier ou roulier ne tenant pas les guides ou le cordeau en passant sur un pont suspendu.

V. Art. 2, § 1er, n° 6 et art. 4 de la loi du 30 mai 1851, et art. 8 du règlement d'administration publique du 10 août 1852.

L'amende est de 5 à 30 fr.

La contravention est jugée par le conseil de préfecture.

OBSERVATIONS.

Mêmes observations qu'au n° 12.

N° 14.

Conducteur ou postillon n'étant pas sur son siége en passant sur un pont suspendu.

V. Art. 2, § 1er, n° 6 et art. 4 de la loi du 30 mai 1851, et art. 8 du règlement d'administration publique du 10 août 1852.

L'amende est de 5 à 30 fr.

Cette contravention est jugée par le conseil de préfecture.

OBSERVATIONS.

Mêmes observations qu'au n° 12.

N° 15.

Roulier ou autre voiturier ayant dételé un ou plusieurs chevaux pour le passage d'un pont suspendu.

V. Art. 2, § 1er, n° 6 et art. 4 de la loi du 30 mai 1851, et art. 8 du règlement d'administration publique du 10 août 1852.

L'amende est de 5 à 30 fr.

La contravention est jugée par le conseil de préfecture.

OBSERVATIONS.

Mêmes observations qu'au n° 12.

N° 16.

Voiturier engageant sa voiture attelée de plus de cinq chevaux sur le tablier d'un pont suspendu, quand il y a déjà sur cette travée une voiture d'un attelage supérieur à ce nombre de chevaux.

V. Art. 2, § 1er, n° 6 et art. 4 de la loi du 30 mai 1851, et art. 8 du règlement d'administration publique du 10 août 1852.

L'amende est de 5 à 30 fr.
La contravention est jugée par le conseil de préfecture.

OBSERVATIONS.

Les observations sont les mêmes qu'au n° 12.

N° 17.

Voiturier ou conducteur de voiture ne servant pas au transport des personnes, ne se rangeant pas à sa droite à l'approche de toute autre voiture, de manière à lui laisser libre au moins la moitié de la chaussée.

V. Art. 2, § 2, n° 5 et art. 5 de la loi du 30 mai 1851, et art. 9 du règlement d'administration publique du 10 août 1852.

L'amende est de 6 à 10 fr., et la peine de un à trois jours de prison.

En récidive, l'amende est de 15 fr., et la peine de cinq jours de prison

Cette contravention est de la compétence du tribunal de simple police. (Art. 17 de la loi du 30 mai 1851.)

V. le n° 19 pour les voitures publiques.

N° 18.

Roulier ou conducteur de voiture ne servant pas au transport des personnes laissant stationner, sans nécessité, sa voiture attelée ou non attelée sur la voie publique.

V. Art. 2, § 2, n° 5 et art. 5 de la loi du 30 mai 1851, et art 10 du règlement d'administration publique du 10 août 1852.

L'amende est de 6 à 10 fr., et la peine de un à trois jours de prison.

En récidive, l'amende est de 15 fr., et la peine de cinq jours de prison.

Cette contravention est de la compétence du tribunal de simple police.

V. le n° 20 pour les voitures publiques.

N° 19.

Conducteur, cocher ou postillon de voiture de messageries ne se rangeant pas à sa droite à l'approche de toute autre voiture, de manière à lui laisser libre au moins la moitié de la chaussée.

V. art. 2, § 3, n° 5 et art. 6 de la loi du 30 mai 1851, et art. 9 du règlement d'administration publique du 10 août 1852.

L'amende est de 16 à 200 fr., et la peine de six jours de prison.

Ce délit est jugé par le tribunal de police correctionnelle. (Art. 17 de la loi du 30 mai 1851.)

V. le n° 17 pour les voitures de roulage.

OBSERVATIONS.

Le conducteur d'une voiture publique est tenu de s'arrêter, s'il en est requis, pour laisser constater le délit. (Art. 16 de la loi du 30 mai 1851.)

N° 20.

Conducteur, cocher ou postillon de voiture de messageries laissant stationner sa voiture attelée ou non attelée, sans nécessité, sur la voie publique.

V. art. 2, § 3, n° 5 et art. 6 de la loi du 30 mai 1851 et art. 10 du règlement d'administration publique du 10 août 1852.

L'amende est de 16 à 200 fr., et la peine de six jours de prison.

Ce délit est de la compétence du tribunal correctionnel. (Art. 17 de la loi du 30 mai 1851.)

V. le n° 18 pour les voitures de roulage.

N° 21.

Chargement des voitures ne servant pas au transport des personnes, dont la largeur excède 2 mètres 50 centimètres.

V. art. 2, § 2, n° 1 et art. 4 de la loi du 30 mai 1851, et art. 11 du règlement d'administration publique du 10 août 1852.

L'amende est de 5 à 30 fr.

La contravention est jugée par le conseil de préfecture.

OBSERVATIONS.

Sont affranchies de toute réglementation de largeur de chargement les voitures de l'agriculture servant au transport des récoltes de la ferme aux champs et des champs à la ferme, *ou au marché*. (*V*. le 2ᵉ alinéa du n° 5 du § 2 de l'art. 2 de la loi du 30 mai 1851, et 2ᵉ alinéa de l'art. 11 du règlement d'administration publique du 10 août 1852.)

Les préfets des départements traversés peuvent délivrer des permis de circulation pour les objets d'un gros volume qui ne seraient pas susceptibles d'être chargés dans les conditions prescrites (2 mètres 50 centimètres de largeur). (Art. 11 du règlement d'administration publique du 10 août 1852.)

N° 22.

Colliers de chevaux ou autres bêtes de trait ayant plus de

80 centimètres de largeur, mesurés entre les points les plus saillants des pattes des attelles.

V. art. 2, § 2, n° 2 et art. 4 de la loi du 30 mai 1851, et art. 12 du règlement d'administration publique du 10 août 1852.

L'amende est de 5 à 30 fr.

Cette contravention est jugée par le conseil de préfecture.

OBSERVATIONS.

Il est accordé un délai de deux ans, à partir de la promulgation du présent décret, pour l'exécution de l'art. 12 du règlement d'administration publique relatif à la saillie des colliers. (*V.* art. 43 du règlement d'administration publique du 10 août 1852.)

N° 23.

Convoi de plus de quatre voitures à quatre roues, ne servant pas au transport des personnes, attelées chacune d'un seul cheval et conduites par un seul conducteur.

V. art. 2, § 2, n° 4 et art. 5 de la loi du 30 mai 1851, et art. 13 et 14 du règlement d'administration publique du 10 août 1852.

L'amende est de 6 à 10 fr., et la peine de un à trois jours de prison.

En récidive, l'amende est de 15 fr., et la peine de cinq jours de prison.

Cette contravention est de la compétence du tribunal de simple police.

OBSERVATIONS.

Les règlements de police municipale détermineront, en ce qui concerne la traverse des villes, bourgs et villages, les restrictions qui peuvent être apportées aux dispositions des art. 13 et 14 du règlement d'administration publique, relatives au nombre de voitures réunies en convoi (dernier alinéa de l'art. 14 du règlement d'administration publique du 10 août 1852).

N° 24.

Convoi de plus de trois voitures à deux roues, ne servant pas au transport des personnes, attelées chacune d'un cheval et conduites par un seul conducteur.

V. art. 2, § 2, n° 4 et art. 5 de la loi du 30 mai 1851, et art. 13 et 14 du règlement d'administration publique du 10 août 1852.

L'amende est de 6 à 10 fr., et la peine de un à trois jours de prison.

En récidive, l'amende est de 15 fr., et la peine de cinq jours de prison.

Cette contravention est de la compétence du tribunal de simple police.

OBSERVATIONS.

Mêmes observations qu'au n° 23.

N° 25.

Convoi de plus de deux voitures, ne servant pas au transport des personnes, dont une est attelée de plus d'un cheval, et conduites toutes deux par un seul conducteur.

V. art. 2, § 2, n° 4 et art. 5 de la loi du 30 mai 1851, et art. 13 du règlement d'administration publique du 10 août 1852.

NOTA. L'art. 13 du règlement précité permet qu'un conducteur conduise deux voitures dont une attelée de plus d'un cheval, sans nulle autre condition. L'art. 14 du même règlement veut, au contraire, que chaque voiture attelée de plus d'un cheval ait un conducteur. Toutefois, quand la première voiture sera attelée de *quatre chevaux au plus*, il permet de conduire une deuxième voiture attelée d'un cheval, pourvu que ce cheval soit *attaché* derrière la première voiture.

L'amende est de 6 à 10 fr., et la peine de un à trois jours de prison.

En récidive, l'amende est de 15 fr., et la peine de cinq jours de prison.

Cette contravention est de la compétence du tribunal de simple police.

OBSERVATIONS.

Mêmes observations qu'au n° 23.

N° 26.

Convois de voitures, ne servant pas au transport des personnes, n'ayant pas entr'eux 50 mètres de distance.

V. Art. 2, § 2, n° 4 et art. 5 de la loi du 30 mai 1851, et art. 13 du règlement d'administration publique du 10 août 1852.

L'amende est de 6 à 10 fr., et la peine est de un à trois jours de prison.

En récidive, l'amende est de 15 fr., et la peine de cinq jours de prison.

Cette contravention est jugée par le tribunal de simple police.

OBSERVATIONS.

Mêmes observations qu'au n° 23.

N° 27.

Voiturier ou conducteur de voiture, ne servant pas au transport des personnes, ne se tenant pas à portée de ses chevaux ou bêtes de trait et en position de les guider.

V. Art. 2, § 2, n° 5 et art. 5 de la loi du 30 mai 1851, et art. 14 du règlement d'administration publique du 10 août 1852.

L'amende est de 6 à 10 fr., et la peine de un à trois jours de prison.

En récidive, l'amende est de 15 fr., et la peine de cinq jours de prison.

Cette contravention est de la compétence du tribunal de simple police.

OBSERVATIONS.

Mêmes observations qu'au n° 23.

V. N°s 58 et 59 pour les voitures publiques.

N° 28.

Voiture, ne servant pas au transport des personnes, marchant isolément ou en tête d'un convoi, pendant la nuit, sans être pourvue d'un fallot ou d'une lanterne allumée.

V. Art. 2, § 2, n° 5 et art. 5 de la loi du 30 mai 1851, et art. 15 du règlement d'administration publique du 10 août 1852.

L'amende est de 6 à 10 fr., et la peine de un à trois jours de prison.

En récidive, l'amende est de 15 fr., et la peine de cinq jours de prison.

Cette contravention est de la compétence du tribunal de simple police.

OBSERVATIONS.

Les voitures servant à l'agriculture pourront être assujéties à l'éclairage par des arrêtés des préfets ou des maires. (2e alinéa de l'art. 15 du règlement d'administration publique du 10 août 1852.)

NOTA. Il faut entendre par *voitures servant à l'agriculture*, celles employées à la culture des terres, au transport des récoltes, à l'exploitation des fermes, qui se rendent de la ferme aux champs ou des champs à la ferme, ou qui servent au transport des objets récoltés du lieu où ils ont été recueillis, jusqu'à celui où, pour les conserver ou les manipuler, le cultivateur les dépose ou les rassemble. Il paraît hors de doute que le législateur n'a pas voulu étendre plus loin les limites de cette exception.

L'éclairage des voitures dites *bourgeoises* n'a pas été réglementé par la loi du 30 mai 1851, ni par le règlement d'administration publique du 10 août 1852. Les voitures bourgeoises sont généralement assujéties à l'éclairage, mais par des ordonnances ou arrêtés de police. Dans le département de la Seine, les voitures bourgeoises non éclairées la nuit sont en contravention à l'art. 24 de l'ordonnance de police du 20 avril 1843.

Dans ce cas, le procès-verbal constatant la contravention ne doit pas être affirmé.

Dans ce cas aussi, les agents n'ont pas droit au tiers de l'amende prononcée. (*Note de l'auteur.*)

V. le no 30 pour l'éclairage des voitures publiques.

N° 29.

Voiture, ne servant pas au transport des personnes, dépourvue de plaque.

V. art. 3 et 7, 20 et 21 de la loi du 30 mai 1851, et art. 16 du règlement d'administration publique du 10 août 1852.

L'amende pour défaut de plaque est de 6 à 15 fr. pour le propriétaire, et de 1 à 5 fr. pour le conducteur.

Cette contravention est jugée par le tribunal de simple police.

OBSERVATIONS.

La plaque doit être en métal, portant, en caractères apparents et lisibles ayant au moins cinq millimètres de hauteur, les nom, prénoms et profession du propriétaire, le nom de la commune, du canton et du département de son domicile. Cette plaque doit être placée en avant des roues, du côté gauche de la voiture. (1er alinéa de l'art. 16 du règlement d'administration publique.)

Sont exceptées de l'obligation d'être pourvues de plaques :

1° Les voitures particulières destinées au transport des personnes, mais étrangères au service public des messageries ;

2° Les malles-postes et autres voitures appartenant à l'administration des postes ;

3° Les voitures d'artillerie, charriots et fourgons appartenant aux départements de la guerre et de la marine.

Des décrets du président de la République (de l'Empereur), déterminent les marques distinctives que doivent porter les voitures désignées aux §§ 2 et 3 et les titres dont les conducteurs doivent être munis;

4° Les voitures employées à la culture des terres, au transport des récoltes, à l'exploitation des fermes, qui se rendent de la ferme aux champs et des champs à la ferme, ou qui servent au transport des objets récoltés du lieu où ils ont été recueillis jusqu'à celui où, pour les conserver ou les manipuler, le cultivateur les rassemble. (Art. 3 de la loi du 30 mai 1851 et 16 du règlement d'administration publique du 10 août 1852).

Lorsqu'une voiture est dépourvue de plaque, et que le propriétaire n'est pas connu, la voiture est provisoirement retenue, et le procès-verbal est immédiatement porté à la connaissance du maire de la commune où il a été dressé, ou de la commune la plus proche sur la route que suit le prévenu.

Le maire arbitre provisoirement le montant de l'amende, et, s'il y a lieu, des frais de réparation, et il en ordonne la consignation immédiate, à moins qu'il ne lui soit présenté une caution solvable.

A défaut de consignation ou de caution, la voiture est retenue jusqu'à ce qu'il ait été statué sur le procès-verbal. Les frais qui en résultent sont à la charge du propriétaire.

Le contrevenant est tenu d'élire domicile dans le département du lieu où la contravention a été constatée; à défaut d'élection de domicile, toute notification lui sera valablement faite au secrétariat de la commune dont le maire aura arbitré l'amende ou les frais de réparation. (Art. 20 et 21 de la loi du 30 mai 1852.)

N° 30.

Propriétaire ou conducteur de voitures ne servant pas au transport des personnes, faisant usage d'une plaque portant un nom ou domicile faux ou supposé.

V. art. 8, 20 et 21 de la loi du 30 mai 1851.

L'amende est de 50 à 200 fr., et la peine de six jours à six mois de prison.

Ce délit est de la compétence du tribunal correctionnel.

OBSERVATIONS.

La voiture du délinquant faisant usage d'une plaque portant un nom ou domicile faux ou supposé sera provisoirement retenue, et le procès-verbal est immédiatement porté à la connaissance du maire de la commune où il a été dressé, ou de la commune la plus proche sur la route que suit le prévenu.

Le maire arbitre provisoirement le montant de l'amende, et, s'il y a lieu, des frais de réparation, et il en ordonne la consignation immédiate, à moins qu'il ne lui soit présenté une caution solvable.

A défaut de consignation ou de caution, la voiture est retenue jusqu'à ce qu'il ait été statué sur le procès-verbal. Les frais qui en résultent sont à la charge du propriétaire.

Le contrevenant est tenu d'élire domicile dans le département du lieu où la contravention a été constatée ; à défaut d'élection de domicile, toute notification lui sera valablement faite au secrétariat de la commune dont le maire aura arbitré l'amende ou les frais de réparation.

N° 31.

Voiture dépourvue de plaque et ne servant pas au transport des personnes, dont le conducteur déclare un nom ou un domicile autre que le sien ou que celui du propriétaire pour le compte duquel la voiture est conduite.

V. art. 8, 20 et 21 de la loi du 30 mai 1851.

L'amende est de 50 à 200 fr., et la peine de six jours à deux mois de prison.

Ce délit est de la compétence du tribunal correctionnel.

OBSERVATIONS.

Mêmes observations qu'au n° 30.

N° 32.

Voiturier ou conducteur qui, sommé de s'arrêter, refuse d'obtempérer à cette sommation et de se soumettre aux vérifications prescrites.

Art. 10 de la loi du 30 mai 1851.

L'amende est de 16 à 100 fr. pour ce refus, indépendamment de celle qu'il aura encourue pour toute autre cause.

Ce délit est de la compétence du tribunal correctionnel.

OBSERVATIONS.

Pour les contraventions concernant le nombre de voyageurs

le mode de conduite des voitures, la police des conducteurs, cochers ou postillons, et les modes d'enrayage, on peut faire arrêter les voitures publiques allant au trot; les autres contraventions ne doivent être constatées qu'au lieu de départ, d'arrivée, de relais et de stations desdites voitures, ou aux barrières d'octroi. (Art. 16 de la loi du 30 mai 1851.)

N° 33.

Voiturier, conducteur ou postillon outrageant ou exerçant des violences contre les militaires de la gendarmerie chargés de constater les délits et contraventions prévus par la loi du 30 mai 1851.

V. art 11 de la loi du 30 mai 1851 et les dispositions du livre III, titre Ier, chapitre III, section IV, § 2 du Code pénal.

Ce délit est de la compétence du tribunal correctionnel.

OBSERVATIONS.

Tout conducteur de voiture sera tenu de s'arrêter, s'il en est requis, pour laisser constater ce délit.

V. art. 10 et 16 de la loi du 30 mai 1851, police des conducteurs, cochers et postillons.

N° 34.

Voiture publique dont la voie, entre le milieu des jantes de la partie reposant sur le sol, est inférieure à 1 mètre 65 centimètres.

V. art. 2, § 3, n° 1 et art. 6 de la loi du 30 mai 1851, et § 1er de l'art. 20 du règlement d'administration publique du 10 août 1852.

L'amende est de 16 à 200 fr., et la peine de six à dix jours de prison.

Ce délit est de la compétence du tribunal correctionnel.

(NOTA. Si la voiture est à quatre roues, la voie de devant pourra être réduite à 1 mètre 55 centimètres. (2e § de l'art. 20 du règlement d'administration publique du 10 août 1852.)

OBSERVATIONS.

Ce délit ne peut être constaté qu'au lieu de départ, d'arrivée, de relais et de station desdites voitures, ou aux barrières d'octroi.

On ne peut faire arrêter les voitures publiques allant au trot que pour constater les infractions concernant le nombre de voyageurs, le mode de conduite des voitures, la police des conducteurs, cochers et postillons, et le mode d'enrayage. (Art. 16 de la loi du 30 mai 1851.)

En pays de montagnes, les entrepreneurs pourront être autorisés par les préfets, sur l'avis des ingénieurs et des agents voyers, à employer des largeurs de voie moindres que celles indiquées ci-dessus, mais à la condition que les voies seront au moins égales à la voie la plus large des voitures en usage dans la contrée. (3e § de l'art. 20 du règlement d'administration publique du 10 août 1852.) Dans le cas où une réduction dans la largeur de la voie serait autorisée, le rapport de la hauteur de la voiture avec la largeur de la voie sera, au maximum, de 1 3/4. (3e § de l'art. 22 du règlement d'administration publique du 10 août 1852.)

Dans tous les cas, la hauteur est réglée par une traverse en fer placée au milieu de la longueur affectée au chargement, et dont les montants, au moment de la visite de l'administration préfectorale, sont marqués d'une estampille constatant qu'ils ne dépassent pas la hauteur voulue ; ils doivent, ainsi que la traverse, être constamment apparents. (4e § de l'art. 22 du règlement d'administration publique du 10 août 1852.)

La bâche qui recouvre le chargement ne peut déborder ces montants ni la hauteur de la traverse. (5e § de l'art. 22 du règlement d'administration publique du 10 août 1852.)

(Il n'y a pas lieu de faire arrêter la voiture pour constater ce délit.) *(Note de l'auteur.)*

N° 35.

Voiture publique à quatre roues dont la distance entre les axes des deux essieux n'est pas de 1 mètre 55 centimètres au moins, ou qui n'est pas de la moitié de la longueur de la caisse, mesurée à la hauteur de sa ceinture.

V. art. 2, § 3, n° 1 et art. 6 de la loi du 30 mai 1851, et art. 21 du règlement d'administration publique du 10 août 1852.

L'amende est de 16 à 200 fr., et la peine de six à dix jours de prison.

Ce délit est de la compétence du tribunal correctionnel.

OBSERVATIONS.

V. le 1er paragraphe des *observations* du n° 34. (Art. 16 de la loi du 30 mai 1851.)

(Il n'y a pas lieu de faire arrêter la voiture pour constater ce délit.)

(Note de l'auteur.)

N° 36.

Voiture publique à quatre roues dont la hauteur, y compris le chargement, excède 3 mètres, mesurés du sol jusqu'à la partie la plus élevée.

V. art. 2, § 3, n° 2 et art. 6 de la loi du 30 mai 1851, et premier paragraphe du règlement d'administration publique du 10 août 1852.

L'amende est de 16 à 200 fr., et la peine de six à dix jours de prison.

Ce délit est de la compétence du tribunal correctionnel.

OBSERVATIONS.

Il est accordé, pour les voitures à quatre roues, une augmentation de 10 centimètres si elles sont pourvues, à l'avant-train, de sassoires et contre-sassoires, formant chacune au moins un demi-cercle de 1 mètre 15 centimètres de diamètre, ayant la cheville ouvrière pour centre. (2e § de l'art. 22 du règlement d'administration publique du 10 août 1852.)

Dans tous les cas, la hauteur est réglée par une traverse en fer placée au milieu de la longueur affectée au chargement et dont les montants sont marqués d'une estampille de l'administration des contributions indirectes, constatant qu'ils ne dépassent pas la hauteur voulue; ils doivent, ainsi que la traverse, être constamment apparents. (4e § de l'art. 22 du règlement d'administration du 10 août 1852.)

La bâche qui recouvre le chargement ne peut déborder ces montants ni la hauteur de la traverse. (5e § de l'art. 22 du règlement d'administration publique du 10 août 1852.)

Pour la constatation des délits, *V.* le premier paragraphe des observations du no 34. (Art. 16 de la loi du 30 mai 1851.)

(Il n'y a pas lieu de faire arrêter la voiture pour constater ce délit.)

(Note de l'auteur.)

No 37.

Voiture publique à deux roues dont la hauteur, y compris le chargement, excède 2 mètres 60 centimètres, mesurés du sol à la partie la plus élevée.

V. art. 2, § 2, no 2 et art. 6 de la loi du 30 mai 1851, et premier paragraphe de l'art. 22 du règlement d'administration publique du 10 août 1852.

L'amende est de 16 à 200 fr., et la peine de six à dix jours de prison.

Ce délit est de la compétence du tribunal correctionnel.

OBSERVATIONS.

Mêmes observations qu'au n° 36, moins le premier paragraphe.

(Il n'y a pas lieu de faire arrêter la voiture pour constater ce délit.) *(Note de l'auteur.)*

N° 38.

Conducteur de voiture publique transportant des objets attachés en dehors de la bâche.

V. art. 2, § 3, n° 5 et art. 6 de la loi du 30 mai 1851, et dernier paragraphe de l'art. 22 du règlement d'administration publique du 10 août 1852.

L'amende est de 16 à 200 fr., et la peine de six à dix jours de prison.

Ce délit est de la compétence du tribunal correctionnel.

OBSERVATIONS.

Mêmes observations qu'au n° 36.

(Il n'y a pas lieu de faire arrêter la voiture pour constater ce délit.)

(Note de l'auteur.)

N° 39.

Voiture publique dont la largeur moyenne des places serait inférieure à 48 centimètres.

V. art. 2, § 3, n° 3 et art. 6 de la loi du 30 mai 1851, et art. 23 du règlement d'administration publique du 10 août 1852.

L'amende est de 16 à 200 fr., et la peine de six à dix jours de prison.

Ce délit est de la compétence du tribunal correctionnel.

OBSERVATIONS.

Pour les voitures parcourant moins de 20 kilomètres et pour les banquettes à plus de trois places, la largeur moyenne des places pourra être réduite à 40 centimètres. (Dernier paragraphe de l'art. 23 du règlement d'administration publique du 10 août 1852.)

Les délits ou contraventions commis par les conducteurs de voitures publiques ne peuvent être constatés qu'au lieu de départ, d'arrivée, de relais et de stations desdites voitures, ou aux barrières d'octroi, sauf toutefois ceux qui concernent le nombre de voyageurs, le mode de conduite des voitures, la police des conducteurs, cochers ou postillons, et le mode d'enrayage. (Art. 16 de la loi du 30 mai 1851.)

(En conséquence du paragraphe qui précède, la gendarmerie ne peut pas faire arrêter la voiture pour constater ce délit.)

(Note de l'auteur.)

N° 40.

Voiture publique dont les banquettes ont moins de 45 centimètres de largeur.

V. art. 2, § 3, n° 3 et art. 6 de la loi du 30 mai 1851, et art. 23 du règlement d'administration publique du 10 août 1852.

L'amende est de 16 à 200 fr., et la peine de six à dix jours de prison.

Ce délit est de la compétence du tribunal correctionnel.

OBSERVATIONS.

Pour la constatation du délit, se reporter au deuxième paragraphe des observations du nº 39. (Art. 16 de la loi du 30 mai 1851.)

(Il n'y a pas lieu de faire arrêter la voiture pour constater ce délit.) *(Note de l'auteur.)*

Nº 41.

Voiture publique dont la distance entre deux banquettes est inférieure à 45 centimètres.

V. art. 2, § 3, nº 3 et art. 6 de la loi du 30 mai 1851, et art. 23 du règlement d'administration publique du 10 août 1852.

L'amende est de 16 à 200 fr., et la peine de six à dix jours de prison.

Ce délit est de la compétence du tribunal correctionnel.

OBSERVATIONS.

Pour la constatation du délit, se reporter au deuxième paragraphe des observations du nº 39. (Art. 16 de la loi du 30 mai 1851.)

(Il n'y a pas lieu de faire arrêter la voiture pour constater ce délit.) *(Note de l'auteur.)*

Nº 42.

Voiture publique dont la distance entre la banquette du coupé et le devant de la voiture est inférieure à 35 centimètres.

V. art. 2, § 3, nº 3 et art. 6 de la loi du 30 mai 1851, et art. 23 du règlement d'administration publique du 10 août 1852.

L'amende est de 16 à 200 fr., et la peine de six à dix jours de prison.

Ce délit est de la compétence du tribunal correctionnel.

OBSERVATIONS.

Pour la constatation du délit, se reporter au deuxième paragraphe des observations du n° 39. (Art. 16 de la loi du 30 mai 1851.)

(Il n'y pas lieu de faire arrêter la voiture pour constater ce délit.) *(Note de l'auteur.)*

N° 43.

Voiture publique dont la hauteur du pavillon, au-dessus du fond de la voiture, est inférieure à 1 mètre 40 centimètres.

V. art. 2, § 3, n° 3 et art. 6 de la loi du 30 mai 1851, et art. 23 du règlement d'administration publique du 10 août 1852.

L'amende est de 16 à 200 fr., et la peine de six à dix jours de prison.

Cette contravention est de la compétence du tribunal correctionnel.

OBSERVATIONS.

Pour la constatation, se reporter au deuxième paragraphe des observations du n° 39. (Art. 16 de la loi du 30 mai 1851.)

(Il n'y a pas lieu de faire arrêter la voiture pour constater ce délit.) *(Note de l'auteur.)*

N° 44.

Voiture publique dont la hauteur des banquettes, y compris le coussin, est inférieure à 40 centimètres.

V. art. 2, § 3, n° 3 et art. 6 de la loi du 30 mai 1851, et art. 23 du règlement d'administration publique du 10 août 1852.

L'amende est de 16 à 200 fr., et la peine de six à dix jours de prison.

Ce délit est de la compétence du tribunal correctionnel.

OBSERVATIONS.

Pour la constatation de ce délit, se reporter au deuxième paragraphe des observations du n° 39. (Art. 16 de la loi du 30 mai 1851.)

(Il n'y a pas lieu de faire arrêter la voiture pour constater ce délit.) *(Note de l'auteur.)*

N° 45.

Voiture publique transportant plus de trois voyageurs, y compris le conducteur, sur la banquette de l'impériale, ou plus de trois voyageurs quand le conducteur sera placé sur le même siége que le cocher.

V. art. 2, § 3, n° 3 et art. 6 de la loi du 30 mai 1851, et art. 24 du règlement d'administration publique du 10 août 1852.

L'amende est de 16 à 200 fr., et la peine de six à dix jours de prison.

Ce délit est de la compétence du tribunal correctionnel.

OBSERVATIONS.

La banquette de l'impériale, dont la hauteur, y compris le coussin, ne dépassera pas 30 centimètres, ne peut être recouverte que d'une capote flexible.

Aucun paquet ne peut être chargé sur cette banquette. (2e et 3e § de l'art. 24 du règlement d'administration publique du 10 août 1852.)

Pour la constatation, se reporter au deuxième paragraphe des observations du n° 39. (Art. 16 de la loi du 30 mai 1851.)

(Il y a lieu de faire arrêter la voiture pour constater ce délit.)

(Note de l'auteur.)

N° 46.

Voiture publique dont le coupé et l'intérieur n'ont pas une portière de chaque côté, ou dont chaque portière n'est pas garnie d'un marche-pied.

V. art. 2, § 3, n° 1 et art. 6 de la loi du 30 mai 1851, et art. 25 du règlement d'administration publique du 10 août 1852.

L'amende est de 16 à 200 fr., et la peine de six à dix jours de prison.

Ce délit est de la compétence du tribunal correctionnel.

OBSERVATIONS.

La caisse de derrière ou la rotonde peut n'avoir qu'une portière ouverte à l'arrière et qui doit avoir un marche-pied. (2e § de l'art. 25 du règlement d'administration publique du 10 août 1852.)

Pour la constatation, se reporter au deuxième paragraphe des observations du n° 39. (Art. 16 de la loi du 30 mai 1851.)

(Il n'y a pas lieu de faire arrêter la voiture pour constater ce délit.) *(Note de l'auteur.)*

N° 47.

Voitures publiques dont les essieux ne seraient pas établis dans les conditions prescrites par l'art. 26 du règlement d'administration publique du 10 août 1852, dont voici le texte :

« Art. 26. Les essieux seront en fer corroyé, de bonne qualité, « et arrêtés à chaque extrémité, soit par un écrou assujéti au « moyen d'une clavette, soit par une boîte à huile fixée par « quatre boulons traversant la longueur du moyeu, soit par « tout autre système qui serait approuvé par le ministre des « travaux publics. »

V. art. 2, § 3, n° 1 et art. 6 de la loi du 30 mai 1851, et art. 26 du règlement d'administration publique du 10 août 1852.

L'amende est de 16 à 200 fr., et la peine de six à dix jours de prison.

Ce délit est de la compétence du tribunal correctionnel.

OBSERVATIONS.

Pour la constatation, se reporter au deuxième paragraphe des observations du n° 39. (Art. 16 de la loi du 30 mai 1851.)

(Il n'y a pas lieu de faire arrêter la voiture pour constater ce délit.) *(Note de l'auteur.)*

N° 48.

Voiture publique dépourvue d'une machine à enrayer ou d'un sabot et d'une chaîne d'enrayage.

V. Art. 2, § 3, n° 2 et art 6 de la loi du 30 mai 1851, et art. 27 du règlement d'administration publique du 10 août 1852.

L'amende est de 16 à 200 fr, et la peine de six à dix jours de prison.

Ce délit est de la compétence du tribunal correctionnel.

OBSERVATIONS.

Les préfets peuvent dispenser de l'emploi de ces appareils les voitures qui parcourent uniquement des pays de plaine.

Pour la constatation, se reporter au 2e § des observations du n° 39 (art. 16 de la loi du 30 mai 1851.)

(Il n'y a pas lieu de faire arrêter la voiture pour constater ce délit. Cette infraction à l'art. 27 du règlement d'administration publique du 10 août 1852 est un délit pour vice de construction de la voiture qu'il ne faut pas confondre avec l'emploi des moyens d'enrayage. (*Note de l'auteur*).

N° 49.

Conducteur de voiture publique qui, dans une descente rapide, ne fait pas usage de la machine à enrayer ainsi que du sabot et de la chaîne d'enrayage.

V. Art. 2, § 3, n° 5 et art. 6 de la loi du 30 mai 1851, et art. 27 du règlement d'administration publique du 10 août 1852.

L'amende est de 16 à 200 fr., et la peine de six à dix jours de prison.

Ce délit est de la compétence du tribunal correctionnel.

OBSERVATIONS.

Mêmes observations qu'au n° 48, sauf le dernier paragraphe placé entre parenthèses.

(Il y a lieu de faire arrêter la voiture pour constater ce délit.) (*Note de l'auteur.*)

N° 50.

Voiture publique circulant la nuit sans être éclairée par une lanterne à réflecteur, placée à la droite et à l'avant de la voiture.

V. Art. 2, § 3, nos 2 et 5 et art. 6 de la loi du 30 mai

1851, et art. 28 du règlement d'administration publique du 10 août 1852.

L'amende est de 16 à 200 fr., et la peine de six à dix jours de prison.

Ce délit est de la compétence du tribunal correctionnel.

OBSERVATIONS.

Pour la constatation, se reporter au 2e paragraphe des observations du n° 39. (Art. 16 de la loi du 30 mai 1851.)

(Il y a lieu de faire arrêter la voiture pour constater ce délit.) (*Note de l'auteur.*)

N° 51.

Voiture publique ne portant pas à l'extérieur, dans un endroit apparent, l'estampille délivrée par l'administration des contributions indirectes, le nom et le domicile de l'entrepreneur, et l'indication du nombre de places de chaque compartiment.

V. Art. 2, § 3, n° 1 et art. 6 de la loi du 30 mai 1851, et art. 29 du règlement d'administration publique du 10 août 1852.

L'amende est de 16 à 200 fr., et la peine de six à dix jours de prison.

Ce délit est de la compétence du tribunal correctionnel.

OBSERVATIONS.

Pour la constatation, se reporter au 2e paragraphe des observations du n° 39. (Art. 16 de la loi du 30 mai 1851.)

(Il n'y a pas lieu de faire arrêter la voiture pour constater ce délit.) (*Note de l'auteur.*)

N° 52.

Voiture publique ne portant à l'intérieur des compartiments : 1° le numéro de chaque place ; 2° le prix de la place depuis le lieu de départ jusqu'à celui de l'arrivée.

V. Art. 2, § 3, n° 3 et art. 6 de la loi du 30 mai 1851, et art. 30 du règlement d'administration publique du 10 août 1852.

L'amende est de 16 à 200 fr., et la peine de six à dix jours de prison.

Ce délit est de la compétence du tribunal correctionnel.

OBSERVATIONS.

Pour la constatation, se reporter au 2e paragraphe des observations du n° 39. (Art. 16 de la loi du 30 mai 1851.)

(Il n'y a pas lieu de faire arrêter la voiture pour constater ce délit.) (*Note de l'auteur.*)

N° 53.

Voiture publique chargeant dans ses compartiments un plus grand nombre de voyageurs que celui indiqué sur les panneaux.

V. Art. 2, § 3, n° 3 et art. 6 de la loi du 30 mai 1851, et art. 30 (2e §) du règlement d'administration publique du 10 août 1852.

L'amende est de 16 à 200 fr., et la peine de six à dix jours de prison.

Ce délit est de la compétence du tribunal correctionnel.

OBSERVATIONS.

Pour la constatation, se reporter au 2e paragraphe des observations du n° 39. (Art. 16 de la loi du 30 mai 1851.)

(Il y a lieu de faire arrêter la voiture pour constater ce délit.)

(*Note de l'auteur.*)

N° 54.

Entrepreneur de voitures publiques dépourvu d'un registre coté et paraphé par le maire, et sur lequel il doit inscrire les noms des voyageurs qu'il transporte, et les ballots et paquets dont le transport lui est confié.

V. art. 2, § 3, n° 4 et art. 6 de la loi du **30** mai **1851**, et art. **31** du règlement d'administration publique du **10** août **1852**.

L'amende est de **16** à **200** fr., et la peine de six à dix jours de prison.

Ce délit est de la compétence du tribunal correctionnel.

OBSERVATIONS.

Il est convenable que la gendarmerie ne constate ces sortes de délits qu'en cas de plainte ou de réclamation faites par les voyageurs. (*Note de l'auteur.*)

N° 55.

Entrepreneur de voitures publiques qui n'a pas remis au conducteur une copie de l'enregistrement des voyageurs et des paquets et ballots dont le transport lui est confié, et qui n'a pas remis à chaque voyageur un extrait, en ce qui le concerne, avec le numéro de sa place.

V. art. **2**, § **3**, n° 4 et art. 6 de la loi du 30 mai **1851**, et deuxième paragraphe de l'art. **31** du règlement d'administration publique du **10** août **1852**.

L'amende est de **16** à **200** fr., et la peine de six à dix jours de prison.

Ce délit est de la compétence du tribunal correctionnel.

OBSERVATIONS.

Il est convenable que la gendarmerie ne constate ces sortes de délits qu'en cas de plainte ou de réclamation faites par les intéressés. (*Note de l'auteur.*)

N° 56.

Conducteur de voiture publique prenant en route un ou plusieurs voyageurs, ou recevant des ballots ou paquets sans en faire mention sur la feuille de route qu'il a dû recevoir au point de départ.

V. art. 2, § 3, n° 4 et art. 6 de la loi du 30 mai 1851, et art. 32 du règlement d'administration publique du 10 août 1852.

L'amende est de 16 à 200 fr., et la peine de six à dix jours de prison.

Ce délit est de la compétence du tribunal correctionnel.

OBSERVATIONS.

Il est convenable que la gendarmerie ne constate ces sortes de délits qu'en cas de plainte ou de réclamation des intéressés.

(*Note de l'auteur.*)

N° 57.

Voiture publique attelée de plus de deux rangs de chevaux, n'ayant qu'un seul postillon ou un seul cocher.

V. art. 2, § 3, n° 5 et art. 6 de la loi du 30 mai 1851, et art. 33 du règlement d'administration publique du 10 août 1852.

L'amende est de 16 à 200 fr., et la peine de six à dix jours de prison.

Ce délit est de la compétence du tribunal correctionnel.

OBSERVATIONS.

Toute voiture publique dont l'attelage ne présentera de front que deux rangs de chevaux pourra être conduite par un seul postillon ou un seul cocher.

Elle devra être conduite par deux postillons ou par un cocher et un postillon, lorsque l'attelage comportera plus de deux rangs de chevaux. (Art. 33 du règlement d'administration publique du 10 août 1852.)

Pour la constatation, se reporter au deuxième paragraphe des observations du n° 39. (Art. 16 de la loi du 30 mai 1851.)

(Il y a lieu de faire arrêter la voiture pour constater ce délit.) (*Note de l'auteur.*)

N° 58.

Cochers ou postillons descendant de leurs chevaux ou de leur siége, sans nécessité, étant en route.

V. art. 2, § 3, n° 5 et art. 6 de la loi du 30 mai 1851, et art. 34 du règlement d'administration publique du 10 août 1852.

L'amende est de 16 à 200 fr., et la peine de six à dix jours de prison.

Ce délit est de la compétence du tribunal correctionnel.

OBSERVATIONS.

Il est enjoint aux cochers et postillons d'observer, dans la traversée des villes et des villages, les règlements de police concernant la circulation dans les rues,

Pour la constatation, se reporter au deuxième paragraphe des observations du n° 39. (Art. 16 de la loi du 30 mai 1851.)

(Il y a lieu de faire arrêter la voiture pour constater ce délit.) (*Note de l'auteur.*)

N° 59.

Conducteur et postillon chargés de la conduite d'une même voiture publique descendant tous deux en même temps, dans une halte, pendant que la voiture est attelée.

V. art. 2, § 3, n° 5 et art. 6 de la loi du 30 mai 1851, et art. 34 du règlement d'administration publique du 10 août 1852.

L'amende est de 16 à 200 fr., et la peine de six à dix jours de prison.

Ce délit est de la compétence du tribunal correctionnel.

OBSERVATIONS.

Il est enjoint aux conducteurs et postillons d'observer, dans les traversées des villes et des villages, les règlements de police concernant la circulation dans les rues.

Avant de remonter sur son siége, le conducteur doit s'assurer que les portières sont exactement fermées.

N° 60.

Déclaration par un conducteur ou postillon de voiture publique contre un conducteur de voiture qui ne se sera pas rangé à sa droite et qui n'aura pas cédé la moitié de la chaussée.

V. art. 2, § 2, n° 5, art. 2, § 3, n° 5 et art. 5 et 6 de la loi du 30 mai 1851, et art. 35 du règlement d'administration publique du 10 août 1852.

Si l'infraction a été commise par un conducteur de voiture ne servant pas au transport des personnes, l'amende est de 6 à 10 fr., et la peine de un à trois jours de prison. En récidive, l'amende est de 15 fr., et la peine de cinq jours de prison.

Si l'infraction a été commise par un conducteur de voiture publique, l'amende est de 16 à 200 fr., et la peine de six à dix jours de prison.

OBSERVATIONS.

La déclaration de cette infraction doit être faite à l'officier de police du lieu le plus rapproché. Le déclarant doit faire connaître le nom du contrevenant d'après la plaque de la voiture, ou le nom du délinquant d'après l'inscription qui doit exister sur la voiture publique.

Le procès-verbal sera transmis sur-le-champ au procureur de la République (procureur impérial), qui dirigera les poursuites. (Art. 35 du règlement d'administration publique du 10 août 1852.

(Il résulte des dispositions de l'art. précité que les sous-officiers et gendarmes n'ont point qualité pour recevoir une plainte ou une déclaration de cette nature. Néanmoins, ils devront recevoir la plainte ou la déclaration à titre de renseignement, et le procès-verbal sera adressé au procureur impérial. *(Note de l'auteur.)*

N° 61.

Entrepreneurs de voitures publiques, autres que celles conduites par les maîtres de postes, qui n'auraient pas fait connaître à l'administration préfectorale le lieu de leurs relais et le nom des relayeurs.

V. art. 2, § 3, n° 1 et art. 6 de la loi du 30 mai 1851, et art. 36 du règlement d'administration publique du 10 août 1852.

L'amende est de 16 à 200 fr., et la peine de six à dix jours de prison.

Ce délit est de la compétence du tribunal correctionnel.

OBSERVATIONS.

La déclaration de l'établissement des relais doit être faite, à Paris, à la préfecture de police, et, dans les départements, à la préfecture ou à la sous-préfecture du lieu où ces relais sont établis.

La même déclaration sera faite chaque fois que les entrepreneurs traiteront avec un nouveau relayeur. (Art. 36 du règlement d'administration publique du 10 août 1852.)

(La gendarmerie ne peut être appelée à constater ce délit qu'en vertu d'instructions préfectorales.) *(Note de l'auteur.)*

N° 62.

Relayeurs ou leurs préposés ne se trouvant pas présents à l'arrivée et au départ de chaque voiture, et ne s'assurant pas, par eux-mêmes et sous leur responsabilité, que les postillons ne sont pas en état d'ivresse.

V. Art. 2, § 3, n° 4 et art. 6 de la loi du 30 mai 1851, et art. 37 du règlement d'administration publique du 10 août, 1852.

L'amende est de 16 à 200 fr., et la peine de six à dix jours de prison.

Ce délit est de la compétence du tribunal correctionnel.

OBSERVATIONS.

La tenue des relais, en tout ce qui intéresse la sûreté des voyageurs, est surveillée, à Paris, par le préfet de police, et, dans les départements, par les maires des communes où ces relais se trouvent établis. (Art. 37 du règlement d'administration publique du 10 août 1852.)

(Les sous-officiers et gendarmes étant les agents naturels de l'administration doivent rédiger procès-verbal des infractions qui compromettraient la sûreté des voyageurs. Il y aurait donc lieu de constater surtout l'état d'ivresse des postillons.)

(*Note de l'auteur.*)

N° 63

Entrepreneur de voitures publiques ou relayeur ayant admis un postillon ou cocher âgé de moins de seize ans.

V. Art. art. 2, § 3, n° 4 et art. 6 de la loi du 30 mai 1851, et art. 38 du règlement d'administration publique du 10 août 1852.

L'amende est de 16 à 200 fr., et la peine de six à dix jours de prison.

Ce délit est de la compétence du tribunal correctionnel.

OBSERVATIONS.

Nul ne peut être admis comme postillon ou cocher, s'il n'es âgé de seize ans au moins et porteur d'un livret délivré par le maire de la commune de son domicile, attestant ses bonnes vie et mœurs, et son aptitude pour le métier qu'il veut exercer. (Art. 38 du règlement d'administration publique du 10 août 1852.)

Pour la constatation, se reporter au 2e paragraphe des observations du n° 39. (Art. 16 de la loi du 30 mai 1851.)

(Il n'y a pas lieu de faire arrêter la voiture pour vérifier l'âge du postillon ou cocher et pour constater ce délit, le cas échéant. (*Note de l'auteur.*)

N° 64.

Entrepreneurs ou relayeurs de voitures publiques n'ayant pas à chaque bureau de départ et d'arrivée, et à chaque relai, un registre coté et paraphé par le maire, pour l'inscription des plaintes des voyageurs.

V. Art. 2, § 3, n° 4 et art. 6 de la loi du 30 mai 1851, et art. 39 du règlement d'administration publique du 10 août 1852.

L'amende est de 6 à 10 fr., et la peine de six à dix jours de prison.

Ce délit est de la compétence du tribunal correctionnel.

OBSERVATIONS.

Ce registre est présenté aux voyageurs, à toute requisition, par le chef du bureau ou par le relayeur.

Les maîtres de postes qui conduisent des voitures publiques présentent aux voyageurs, qui le requièrent, le registre qu'ils sont obligés de tenir d'après le règlement des postes. (Art. 39 du règlement d'administration publique du 10 août 1852.)

(La gendarmerie ne doit constater ces sortes de délits qu'en cas de plainte portée par les voyageurs.)

(*Note de l'auteur.*)

N° 65.

Entrepreneur de voitures publiques qui n'aura pas fait placarder dans le lieu le plus apparent des bureaux et des relais, les articles de 16 à 38 du règlement d'administration publique du 10 août 1852. (Les délits prévus par ces articles sont énumérés dans les numéros de cet ouvrage, de 34 à 63.)

—

V. Art. 2, § 3, n° 4 et art. 6 de la loi du 30 mai 1851, et art. 42 du règlement d'administration publique du 10 août 1852.

L'amende est de 16 à 200 fr., et la peine de six à dix jours de prison.

Ce délit est de la compétence du tribunal correctionnel.

N° 66.

Entrepreneur de voitures publiques qui n'aura pas fait afficher dans l'intérieur de chacun des compartiments des voitures les articles, de 28 à 38 inclusivement, du règlement d'administration publique du 10 août 1852. Les délits prévus par ces articles sont énumérés dans les numéros de cet ouvrage, de 50 à 63.)

—

V. Art. 2, § 3, n° 4 et art 6 de la loi du 30 mai 1851, et art. 42 (2e §) du règlement d'administration publique du 10 août 1852.

L'amende est de 16 à 200 fr., et la peine de six à dix jours de prison.

Ce délit est de la compétence du tribunal correctionnel.

OBSERVATIONS.

Pour la constatation, se reporter au 2e paragraphe des observations du n° 39. (Art. 16 de la loi du 30 mai 1851.)

(Il n'y a pas lieu de faire arrêter la voiture pour constater ce délit.) (*Note de l'auteur.*)

N° 67.

Voiturier, conducteur, cocher ou postillon en contravention à la loi du 30 mai 1851, ou au règlement d'administration publique du 10 août 1852, n'ayant pas son domicile en France.

V. Art. 20 de la loi du 30 mai 1851.

L'amende et la peine sont les mêmes que pour les conducteurs de voitures domiciliés en France.

Les infractions sont jugées par les mêmes tribunaux.

OBSERVATIONS.

Toutes les fois que la contrevenant n'est pas domicilié en France, la voiture est provisoirement retenue, et le procès-verbal est immédiatement porté à la connaissance du maire où il a été dressé ou de la commune la plus proche sur la route que suit le prévenu.

Le maire arbitre provisoirement le montant de l'amende, et, s'il y a lieu, des frais de réparation, et il en ordonne la consignation immédiate, à moins qu'il ne lui soit présenté une caution solvable.

A défaut de consignation ou de caution, la voiture est retenue jusqu'à ce qu'il ait été statué sur le procès-verbal. Les frais qui en résultent sont à la charge du propriétaire.

Le contrevenant est tenu d'élire domicile dans le département du lieu où la contravention a été constatée ; à défaut d'élection de domicile, toute notification lui sera valablement faite au secrétariat de la commune dont le maire aura arbitré l'amende ou les frais de réparation. (Art. 20 de la loi du 30 mai 1851).

Pour la constatation, se reporter au 2e paragraphe des observations du n° 39. (Art. 16 de la loi du 30 mai 1851.)

TABLE

DES INFRACTIONS A CONSTATER.

N° des procès-verbaux.

Imprimerie de Leautey, rue St-Guillaume, 21.

www.ingramcontent.com/pod-product-compliance
Ingram Content Group UK Ltd.
Pitfield, Milton Keynes, MK11 3LW, UK
UKHW031954260826
14628UKWH00005B/2050

9 782329 567419